GREGOR VON REZZORI · FRANKREICH

Gregor von Rezzori

Frankreich

Gottesland der Frauen
und der Phrasen

Reisen durch die
europäischen Vaterländer
oder
Wie althergebrachte Gemeinplätze
durch neue zu ersetzen sind

*Mit Illustrationen
des Autors*

C. Bertelsmann

Umwelthinweis:
Dieses Buch und der Schutzumschlag wurden auf
chlorfrei gebleichtem Papier gedruckt.
Die Einschrumpffolie (zum Schutz vor
Verschmutzung) ist aus umweltfreundlicher und
recyclingfähiger PE-Folie.

1. Auflage
© 1997 C. Bertelsmann Verlag GmbH, München
Satz: Uhl + Massopust, Aalen
Druck: Hofmann-Druck, Augsburg
Bindung: Großbuchbinderei Monheim
ISBN 3-570-12277-8
Printed in Germany

INHALT

Land und Leute 7

Die große Nation 17

Marianne 33

Göttliche Vernunft 49

Monsieur le citoyen 59

Die Sprache 73

Paris ist eine Messe wert 85

GRANDEUR

GLOIRE

CHIC ESPRIT REVANCHE

LUXE

GENIE VICTOIRE CALME

CHIEN TRIOMPHE ELEGANCE ET

VOLUPTÉE

FRANCE

LAND UND LEUTE

Wie der Sack des Weihnachtsmanns die kunterbunt erwünschten Gaben, so enthält auch der südwärts abhängende äußerste Westen unseres Kontinents sämtliche von dessen Charakteristika an Klima, Bodengestalt, Flora und Fauna; folglich auch einen Menschenschlag, der die bestimmenden Wesenszüge der Abendländer zusammengedrängt zur Eigenart in sich vereint. Eingeschlossen von den natürlichen Grenzen zweier Meeresküsten im Westen und im Süden, wolkennaher Gebirgszüge im Süden wie Osten, breiter Ströme hier und dort, zeigt dieses gesegnete Stück Festland mit dem vorstehenden Dorn der Bretagne und dem Anhängsel der Iberischen Halbinsel sich der geographischen Vogelschau in der Rohform eines Sechsecks als solider Block, gewissermaßen die Bastion Europas; und in

7

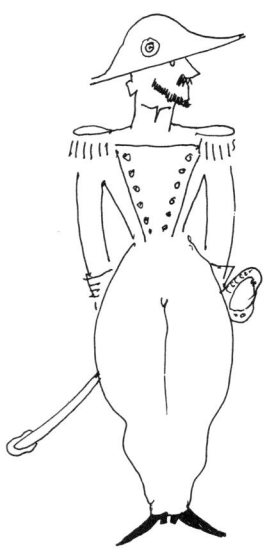

der Tat hat dort Menschenhand seit Jahrtausenden immer sichtbarer die krüde Natur zum Menschenland heimatlicher Prägung domestiziert. Schon gleich zu Anfang der uns überlieferten Geschichte sehen wir's gefälliger, behäbig wohnlicher als die unabsehbar weiten, finsteren Wälder, die an seine Grenzen anbranden, unheimlich durchstreift von zottigen Horden, deren Gefährlichkeit bis zum heutigen Tag im Unterbewußtsein der Franzosen mißtrauenerweckend umgeht. Seit die Römer in Gallien Fuß faßten, wird es zusehends Kulturlandschaft und die Arbeit daran fortgesetzt, und nicht nur ein gartengleich bestelltes, reiches und schönes Land ist so entstanden, sondern auch ein Volk, das aus verschiedenerlei ursprünglichen Stämmen zur Nation erwachsen ist.

Ein delikates deutsches Kernwort sagt: Der Deutsche liebt den Franzmann nicht, doch seine Weine trinkt er gern. Wohlan, er schätzt auch das aus Frankreich importierte Bressehuhn und allerhand französische Käsesorten, voran den reifen Brie und die würzigen Chèvres sowie die *nouvelle* wie auch die *ancienne cuisine* insgesamt, zum Nach-

8

tisch selbstverständlich den herben Calvados, während ihm die »Fleurs du mal« des Dichters Baudelaire schnurzegal sind; und obwohl ein sogar längerer Aufenthalt in Frankreich den Eindruck bewirken könnte, daß die Wertskala der heutigen Franzosen selbst nicht wesentlich anders besetzt ist, sollten wir uns nicht dazu verleiten lassen, Frankreich als das Schlaraffenland der Schlemmer und seinen Anspruch auf eine führende Rolle im abendländischen Geistesleben als ein belangloses Neben-

her dazu anzusehen. Das Genießertum des Alltäglichen, dem die Franzosen mit bewundernswertem Ernst und Eifer, oft sogar mit einer Art verbissener Entschlossenheit nachgehen, hat seinen Ursprung in eben der jahrzehntausendealten Hingabe an den Heimatboden: im Stolz auf das Ergebnis der generationenverschlingenden Arbeit daran und in Dankbarkeit fürs daraus Hervorgebrachte. Das allein schon – Stolz und Dankbarkeit – sind Gefühle einer Weise von Vergeistigung; sie bestimmen ein emotives Klima, in dem das Geistige gedeiht. So jedenfalls heißt es von Frankreich seit jeher.

Wir verfügen leider nicht über genügend statistische Daten, um mit Sicherheit sagen zu können, wie groß in der gegenwärtigen französischen Bevölkerung der Anteil derjenigen ist, die nicht zögern, ein Gedicht Baudelaires einer erstklassig zubereiteten *blanquette de veau* vorzuziehen beziehungsweise es ihr hintanzustellen. Aber selbst wenn eine beträchtliche Anzahl von Befragten mit der heute in Frankreich üblichen *politesse française* gereizt antworten sollte: *»Ah, ne m'emmerdez pas avec vos poètes!«*, dürften wir nicht aus dem Auge lassen, daß die »Fleurs du mal« als erzfranzösisches Produkt ja nicht verleugnet werden, wenngleich sie leider nicht so leicht reproduzierbar sind wie eine *blanquette de veau*; und daß ja auch bei uns die serienmäßige Herstellung von Schillerlocken den Ruf Friedrich von Schillers als deutschen Dichter nicht einschränkt und unserem kulturellen Selbstbewußtsein keinen Abbruch tut. Es empfiehlt sich also, das tätige

Interesse der Franzosen am nationalen Geistesleben nicht zu unterschätzen und ihren Dichtern die gleiche Aufmerksamkeit zuzuwenden wie ihren Weinen und Viktualien.

Gewiß ist jedenfalls, daß Frankreich von allen Festländern Europas das zivilisierteste (bisher gewesen) ist; geistig sowie (bislang) in der Lebensart und in der Landwirtschaft, voran im Weinbau, das kultivierteste. Wie seine glückliche Natur dem Eifer des Bodenbestellers und der Pflege der Lebensgüter Vorschub leistet, so hat auch seine überaus bewegte Geschichte Anforderungen an den Intellekt der Franzosen gestellt, die dessen Scharfsicht, Wendigkeit, Folgerungs- und Anpassungsvermögen durch die Jahrhunderte geschmeidigt, allerdings auch in eine starr eingeengte Form gebracht haben. Der hohe Kunstsinn, den ihnen unser Neid nicht absprechen kann,  dürfte die Verbindung all dieser günstigen Vorbedingungen sein: Die Schönheit des Landes und die Wohlgeratenheit seiner Menschen regen zum Feiern an – Corot und Renoir sind neben soundso vielen anderen musealen Ladenhütern Kronzeugen dafür. Es ist demnach zu wünschen, daß die trotz allen grünen Protesten unaufhaltsam fortschrei-

tende Zerstörung der Natur und die allgemeine Geringschätzung des heutzutage als elitär und hedonistisch angesehenen Schöngeistigen an Frankreich doch härter zu nagen haben werden als an den weniger kulturell gefestigten europäischen Vaterländern, so daß wir unsere (oben mit der vorsichtig eingeklammerten Vergangenheitsform ausgedrückte) Skepsis widerrufen können: Immer noch scheint Frankreich der Hort aller musisch beflügelten abendländischen Kulturwerte zu sein. Zwar geht auch Frankreich mit der Zeit, sogar mit offenen Augen, die freilich von sehr bestimmt gestellten Scheuklappen vor allzu breitwinkeliger Sicht beschirmt sind. Die Franzosen, voran wie immer die Französinnen, stellen sich der Gegenwart – und damit der Zukunft – sozusagen in einem trotzigen Kulturstarrsinn (der freilich abzubröckeln beginnt). Immerhin, der Glaube der Franzosen – und der Französinnen – an die eigene Unfehlbarkeit ist so ehern, daß er die Vermutung gar nicht zuläßt, es könnte auch in Frankreich so steil bergab in die Barbarei der gegenwärtigen Weltzeit gehen wie bei uns. Es herrscht also in Frankreich auch nicht der leidige Pessimis-

mus, der dem europäischen Geistesleben die Sauer-
stoffzufuhr abschnürt. Man atmet freier in Frankreich, wenngleich doch ein wenig eingeschüchtert
vom generellen Mißmut der Franzosen. Es ist der
Mißmut der Alleingelassenen: Niemand ist so gescheit, so raffiniert und – eingebildet wie sie.

Zusammenfassend ist zu sagen, daß von den gol-
denen Weizenfeldern der Ile de France und der
Champagne bis zu den karg würzigen Gestaden der
Provence und des Languedoc, von den seewind-

erfrischten Obstbaumländern der Normandie und der Bretagne bis zu den militärisch streng von grünen Rebstockreihen schraffierten Hügelwellen der Bourgogne das Land immer noch in menschenhandgeformter Schönheit und noch nicht beleidigend untermenschheitsbesudelt unter dem hohen Himmel liegt; daß auch die größeren und großen Städte besser gehalten sind und viel von ihrer alten Würde behalten haben; und daß der Reisende, wenn er die standardisierten Großverkehrswege verläßt und abzweigt ins unverdorben in Frieden gelassene Ländliche, auf Schritt und Tritt anmutigen ebensowohl wie romanti-
schen Motiven für Landschaftsmaler und Amateurphotographen sowie auch fremdenverkehrsförderlichen Fundstätten für Gaumenfolkloristen und Hausトrödelsammler begegnen kann. Es nimmt auch zusehends die Gewohnheit zu, sich ferienweilig oder gar bleibend dort anzusiedeln, und man kann sich nicht den bangen Wunsch verkneifen, daß die sporadisch neu Angesiedelten, haben sie erst die Knobelbecher mit Bastschuhen vertauscht und sich eine Baskenmütze aufgesetzt und eine *baguette* un-

ter den Arm geklemmt, sich nicht gleich fühlen »wie Gott in Frankreich« und danach benehmen. Denn das könnte dazu führen, daß sie an den Einheimischen Charakterzüge entdecken, die das althergebrachte Vorurteil bestätigen, Frankreich sei eines der allerschönsten Länder dieser Erde, leider aber bewohnt von Franzosen.

CHLODOVIX
ROI DE FRANX

DIE GROSSE NATION

Obwohl sie gern tun, als wär's so gewesen, sind die Franzosen doch nicht straff geharnischt mit dem französischen Nationalcharakter und bewehrt mit Speer und Schild ihrer Hochkultur wie Pallas Athene aus der Stirn des Zeus hervorgesprungen.

Auch das hat seine Weile gebraucht, nämlich zunächst von den Höhlenbewohnern der Altsteinzeit und den künstlerisch hochbegabten Cromagnon-Leuten bis zu den vermutlich schon indogermanischen Liguren und Iberern, die spätestens in der älteren Eisenzeit von den Kelten überlagert wurden – und zwar so gründlich und nachhaltig, daß heute noch unter den Franzosen das typisch Keltische mit einem durchschnittlichen Schädelindex von 83,6 ich weiß nicht was, aber nur ein verschwindend geringer Promillesatz der artistischen Begabung der Cromagnon-Vorfahren anzutreffen ist; unbeschadet auch der Tatsache, daß die Franzosen im Nordosten Frankreichs, etwa bis Orléans, blond, helläugig, großwüchsig und schmal- bis mittelschmalschädelig anzutreffen sind – alles Qualitäten, die

man für gewöhnlich mit den indogermanischen Rassen in Zusammenhang bringt –, während sie sich im Südosten kleinwüchsig, dunkelfarbig, zwar gelegentlich auch schmalschädelig, aber öfter doch rundschädelig, ja sogar sehr rundschädelig präsentieren, also unserer Vorstellung von den Cromagnon-Leuten typenmäßig näherkommen. Indes dürfte das den späteren rassischen Einflüssen zuzuschreiben sein, von denen wir gleich hören werden.

Die Kelten jedenfalls, eher rund- als schmalschädelig, hatten schon vor Julius Cäsar das Land zu hoher Blüte gebracht, und das auf die Eroberung Galliens folgende halbe Jahrtausend der Abhängigkeit und engen Verbindung mit Rom – wenngleich bald während dessen Niedergang – hat dem Charakter der Gallier und vermutlich auch ihrer Haut und Schädelform den Stempel des Romanischen aufgedrückt. Vor allem ihre Sprache wurde fast völlig aufgeschluckt: Im dritten Jahrhundert unserer gutchristlichen Zeitrechnung wurde in Gallien fast ausschließlich Latein gesprochen. Die Nachfahren des Asterix warfen kaum noch Menhire in der Gegend herum, fraßen selten Wildschwein, trugen Sandalen und kräuselten ihr Haar; und ty-

pisch französisch heißt es schon, daß römisches Wesen und Idiom durch sie eine von den Römern selbst wahrgenommene Verfeinerung erfahren hätten. Na klar. Danach kamen die Germanen.

Die Germanen – großwüchsig, blond, hellhäutig und von der schmalen bis mittelbreiten Schädel-

form nordischer Rassen – leiteten die Sturzfluten der Völkerschaften ein, die bis zum heutigen Gruppentourismus Europa nicht in Ruhe gelassen haben. Einige davon rauschten übers Keltenland hin und verliefen sich in Nordafrika bei den Berbern; andere wieder setzten sich »wie Gott in Frankreich« fest, wenn auch nur zeitweise, jedoch immer unter Hinterlassung einiger genetischer Merkmale. Die Franken drängten über den Rhein und bemächtigten sich des Nordens von Gallien, die Sachsen überfluteten die Kanalküste und herrschten bald über dessen Westen, dafür erschienen die Westgoten im Süden, und nach ihnen kamen die Alemannen; aus England faßten keltische Brüder in der Bretagne Fuß, in der Normandie erschienen, wie schon der Name sagt, die Normannen, und die Burgunder mischten sich dazwischen – mit einem Wort: Der ethnische Charakter der frühmittelalterlichen Gallier dürfte der Zusammensetzung einer provenzalischen *ratatouille* entsprochen haben. Daß daraus doch ein Menschenschlag von halbwegs einheitlicher, unverwechselbar eigenartiger Prägung entstanden ist, kann sicherlich dem einigenden Einfluß der Franken zugeschrieben werden, die zur Mitte des Landes vorstießen und ganz Gallien der fränkischen Herrschaft unterwarfen. Immerhin war's ein römisch zivilisiertes Gallien, und sie paßten sich ihnen an.

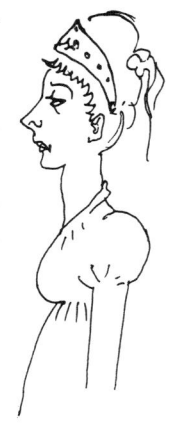

Das ist heute wenig mehr als ein Jahrtausend her und wird und wurde den jugendlichen Franzosen,

aber auch uns Deutschen von Kindesbeinen an so gründlich eingebleut, als handelte sichs um unsere
eigene Geschichte – wie ja auch die
Ilias und die Odyssee zu unserem
vaterländischen Mythenschatz ge-
hören. Die langhaarigen Merowin-
ger und die hausmeierischen Karo-
linger spuken so lebendig durch unser gutgläubiges
Geschichtsbewußtsein, daß wir beinah empört
sind, wenn ein Franzose sich herausnimmt, den
deutschen Kaiser Karl (den Großen) *Charlemagne*
und einen Franzosen zu nennen. Der Hinweis, daß
er ein eher rundschädeliger Franke und nicht deutscher, sondern römischer Kaiser geworden war,
kommt uns haarspalterisch vor; er residierte ja in
Aachen, wenn auch nur gelegentlich. Und nach ihm
wimmelt es von schmal- und rund- und mittelbreit-
schädeligen römischen Kaisern deutscher Nation in
so verwirrender Folge, daß wir, wenn wir nicht
unsere Geschichtsbücher Zeile um Zeile sorgfältig

mit dem Finger abwandern, ohnehin
die Übersicht über sie verlieren: Die
Burschen hatten ja, wie schon ihr Titel
angibt, das gesamte Schlamassel des
zerbröselnden römischen Reiches am
Hals und dabei unablässig mit dem
Papst zu hadern, so daß wir, wenn wir

ihnen völkisch pflichtbewußt dabei im Geiste folgen, wahrlich nicht die Muße haben, uns auch um die Nachfahren der Kapetinger und weiß Gott wen noch jenseits des Rheins zu kümmern. Auferlegt ist uns von diesen römischen Kaisern deutscher Nation jedenfalls der Auftrag, großräumig zu denken und nach Möglichkeit zu handeln, so daß die Auffassung, die Welt müsse am deutschen Wesen genesen, zu unseren psychologischen Bedingungen gehört. Um so verblüffender ist es denn auch, feststellen zu müssen, daß inzwischen sozusagen hautnah zu unserer linken Hand, aber von uns unbemerkt, ein Nachbarvolk entstanden ist, das sich sein höchsteigenes historisches Süppchen kochte und damit herzlich unbekümmert um die deutschen Kaiser die politische und kulturelle Führung Europas übernommen hatte. Mit der bohrenden Frage, wie das zustande kommen konnte und was denn die Franzosen uns voraus haben, das sie zu solcherlei vorlautem Betragen ermächtigte, beißen wir uns an ihnen die Zähne aus. Daß sich's um ein Millenium an zivilisatorischem Vorsprung handelt, fällt uns erst nach schärferem Hinsehen auf.

Daß die Franzosen selbst diese historische Begünstigung keinen Augenblick lang vergessen und

nicht zögern, sie uns und allen anderen nordöstlichen Europäern mehr
oder weniger diskret unter die Nase
zu reiben, macht einen der Züge ihres
Nationalcharakters aus, die wir als
allzu menschlich hinnehmen müssen.
Es hat keinerlei metaphysische Bedeutung, als wären sie vom Herrn der
Welten persönlich auserwählt – wie
sie wohl meinen –, sondern ist lediglich die nüch-
terne Feststellung eines höheren zivilisatorischen
Bankguthabens, entsprechend einer durchaus un-
sentimentalen Weltanschauung. Das
Mystische des Kaisertums und die
gottesgnädige Übertragung von dessen politischem und kulturellem
Erbe gehört für sie zu einer verblas-
senden Ideenwelt, die nichts ändert
an der Tatsache, daß Frankreich
schon tausend Jahre früher, von Cäsar, dem Stammherrn des Kaiser-
tums, selbst dazu gemacht, römische Provinz geworden ist, ein halbes Jahrhundert vor Christi Geburt; daß also ihre Heranbildung zu Europäern
gründlicher und eingewurzelter ist als die der
Nachfahren der Halbbarbaren aus den finsteren
Wäldern jenseits des Limes, denen man gestern erst
die Bernsteinpflöcke aus den Nasen gezogen hatte

und deren Nebelgötter nur unwillig dem Bonifatius Kiesewetter gewichen waren, die aber plötzlich nicht nur machtpolitisch, sondern – um das Machtpolitische ideologisch zu untermauern – mythisch-mystisch sich berufen fühlten, die westliche Hälfte des alten Römischen Reichs und der Christenheit unter ihre Fuchtel zu bringen.

Folglich: Wer sich mit heutigen Franzosen auf historische Plaudereien einläßt, wird zweierlei Unterschiede in den Auffassungen feststellen müssen: Erstens gibt's für sie nichts anderes als die Geschichte Frankreichs. Was jenseits der französischen Grenzen und ihres unmittelbaren Vorlandes geschehen ist, kennen sie nicht und wollen's gar nicht so genau kennenlernen;

es geschah nebenher und hatte nur störenden und verzögernden Einfluß auf die Ausbildung des herrlichen Zivilisationsstands der Gegenwart – das heißt: der französischen Nation und deren führender Rolle dabei. Zweitens ist es eine Geschichte, die nicht von histori-

schen Ereignissen handelt, sondern von den Menschen, die sie ausgelöst haben: Die Ereignisse ergeben sich aus deren charakterlicher und intellektueller Beschaffenheit. Französische Geschichte ist sozusagen shakespearisch die Chronik sichtbarlich im öffentlichen Leben handelnder Personen; sie folgt nicht Ideen und Ideologien wie bei uns zwangsläufig durch das Trauma der Reformation (die Frankreich ziemlich ungeschoren gelassen hat), sondern deckt die Ambitionen, die Absichten, Pläne und Handlungsweisen der Machthaber und deren schicksalhafte Verflechtungen auf – vor allem ihre erotischen Verflechtungen: zum Großteil ist es Alkovengeschichte. Die Menagerie historischer Figuren ist demnach in Frankreich viel reicher und bunter als die unsere; es sind deren hin- und widerlaufende persönliche Interessen und Schicksalsfälle, die das Geschick des Kollektivs zusammenweben, nicht die Windstöße des Zeitgeists wie im deutschkaiserlichen Raum, in dem die geistigen Konflikte ausgetragen werden – bis eben der heftigste Windstoß von Frankreich selber ausgeht und das Kollektiv sein Geschick eigenherr-

26

lich zu bestimmen beginnt. Ich spreche von der großen französischen Nation.

Den Franzosen bedeutet das nicht – wie im übrigen Europa fortan – die Geburt der Nation, wohl aber deren nun sichtbar gewordenes Erwachsensein: die endgültige Fertigstellung eines sich selbst bestimmenden Volkscharakters. Der hatte sich nämlich aus dem Herdendasein zur eigenheitsbewußten Unabhängigkeit entwickelt: von der Römerzeit, in welcher Zivilisation und Staatsmacht eine Einheit bildeten, in eine beinah theokratische Abhängigkeit von der Mönchskultur des Frühmittelalters und schließlich in der getreulichen Gefolg-

schaft beim Gerangel regionaler Machthaber: Der Lehnsmann identifizierte sich mit seinem bodenständigen Fürsten so gut wie mit seiner heimatlichen Landschaft. Dabei ging's um handfeste Interessen, das Königtum besitzt keineswegs die absolute Vormacht, und damit hat ein spannungsreiches Verhältnis des einzelnen zum Staat sich ausgebildet, man war öfter im Gegensatz zur Krone – einiges vom Nachhall dieses Konflikts ist in Dumas' Geschichten von den drei Musketieren nachzulesen. Schon während der Geschlechterfolgen der Valois und Bourbonen wird Frankreich zum Schauplatz eines immer zielstrebigeren, zähen und rücksichtslosen Ausbaus des Absolutismus, gipfelnd in der Lichtgestalt des Sonnenkönigs Louis XVI. Zweideutige Gestalten wie Kardinäle und busige Mätressen haben dabei auf interessantere Weise mitgemischt als die Monarchen selbst.

Der französischen Landschaft sieht man von all diesem Hader nichts an; ja die historischen Dokumente und Monumente Frankreichs scheinen augenfällig dagegen und für ein ruhiges organisches Wachstum zu zeugen. Gewiß, die herrlichen Kathedralen sind von Gnaden einer andernorts angesiedelten Zentralmacht hingesetzt, aber abgesehen davon, daß es nicht die Macht ruhmsüchtiger Monarchen, sondern die der Mutter Kirche war, die eigentliche Erbin Roms und Treuhänderin des romanischen Charakters der Franzosen, hatte das

Volk selbst eigenhändig an ihnen mit-
gebaut: Heute noch kann man von
Einheimischen hören, aus welchem
nahen Steinbruch sie die Bausteine
für die oder jene hergeholt haben.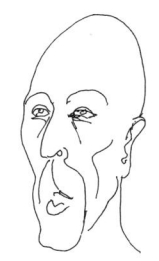
Und gar erst die prachtvollen Städte
und stacheltürmigen Schlösser allüberall im Land sind aus dem Bodenständigen gewachsen und am Gedeihen von der
Monarchie kaum jemals mehr als durch finanzielle
Ausplünderung behindert worden. Es fällt schwer
zu glauben, was die Historiker im schulmeisterli-
chen Bestreben, das Bild einer kausal lückenlosen,
messerscharf logischen Geschichtsentwicklung zu
entwerfen, einer vom anderen abschreiben und
nachbeten: nämlich daß die Monarchie, wäre sie
nicht – abgesehen von einigen nervösen Nachzuk-
kungen – mit der großen Revolution von 1789 zu
ihrem Ende gekommen, all diesen lokalen Blüte-
stätten das Leben abgesaugt und zur unumschränk-
ten Machtausübung und verderblichen Prunkent-
faltung des Hofs nach Paris geleitet haben würde.
Es dürfte kaum zu leugnen sein, daß die verschiedenen Louis vom Elften bis zum Sechzehnten mit dem
Konzept einverstanden waren; aber das ist nicht das
Schlimmste, was man ihnen nachsagen kann. Und
was immer man ihnen nachsagen will – jedenfalls
haben sie zur Ausbildung des französischen Natio-

nalcharakters mindestens ebensoviel beigetragen wie die anderen historischen Kräfte, die daran mitgewirkt haben. Und schließlich: Was wäre Frankreich ohne Paris?

MARIANNE

Selbstverständlich ist es nicht so, daß jeder einzelne
Franzose – eher schon jede einzelne Französin –
tagein, tagaus mit diesem Geschichtsbewußtsein
und allen seinen Daten in Kopf und Gemüt durch
den Alltag spaziert. Indes wachsen
Franzosen und Französinnen denn
doch in einem angeheizten nationalbe-
wußten Klima heran, eine Presse
gleichviel welcher politischer Couleur
hält es am Sieden, und dank der allgemeinen Schulpflicht haben die Franzosen von früh auf – wenn der Vergleich
erlaubt sein sollte – neben ihrer emoti-
ven völkischen Alltagsgarderobe auch einige Fest-
gewänder im Gefühlschrank, die sie sonn- und fei-
ertags herausholen und frisch abgestaubt anlegen.
Wer einmal am 14. Juli auf offener Straße in den
Strudel einer tanzenden und aus Flaschen saufen-
den Menge geraten und von Arm zu Arm herumge-
wirbelt worden ist, wird nicht aus dem Staunen
darüber kommen, wie ein für gewöhnlich stroh-

 nüchternes Volk im Gedenken an ein längst hingegangenes und ganz und gar nicht hasenreines Ereignis in einen dermaßen irrationalen Rauschzustand versetzt werden kann. Kann aber, und zwar mit Leichtigkeit. Der Trunk des Nationalismus ist stark und büßt von seiner Wirkung nichts ein durch den Hinweis auf die Fatalität, daß er in Frankreich gebraut und nicht zum Segen an die anderen Völker Europas weitergegeben worden ist. Eher im Gegenteil: In Frankreich ist man stolz darauf.

Nun, darüber – ich meine: über die Französische Revolution von 1789 und ihre Folgen, allen bedauerlichen voran Napoleon, kann man nur mit sehr wenigen auserlesenen Franzosen kritisch sprechen, und sie gehören einer Kategorie an, deren übrige geistige Merkmale auch nicht die Zustimmung aufgeklärter Zeitgenossen finden würden. Und selbst vor ihnen tut man gut daran, auch mit vermeintlich amüsantem Material zurückzuhalten: Denn der Sinn für Humor ist bei Franzosen nicht übermäßig entwickelt und außerdem limitiert, sie lachen nicht gern und über sich selbst; schon gar nicht, wenn's in die Nähe ihrer nationalen Heiligtümer kommt – auch dann nicht, wenn sie selbst nur wenig Ehrfurcht davor haben. So zum Beispiel schrumpft ihr

Verständnis zu blankem Unverstand und deutlicher Irritation zusammen, wenn man ihnen die Anekdote auftischt, daß die Revolutionshymne der *Marseillaise* von ihrem Schöpfer Rouget de Lisle ursprünglich als Marschlied dem pfälzischen Grafen Luckner gewidmet war; und wahrscheinlich gehört auch ein Quentchen Schadenfreude dazu, das Ironische des Umstands auszukosten, daß der stürmische Gesang, der die blau-weiß-roten *sansculottes* ins Feuer und von Sieg zu Sieg gerissen hat, für einen Deutschen geschrieben worden ist. Die Franzosen finden das gar nicht komisch, selbst wenn sie zu denen gehören, deren Vorfahren von eben jenen *sansculottes* zur Guillotine geschleppt worden sind: Ein *boche* hat in diesem intern französischen Handel nichts zu suchen. Man wird zugeben müssen, daß der Graf Luckner in französischem Dienst gestanden ist und es dabei bis zum Marschall gebracht hat; und die doppelte Ironie, daß schließlich auch seine Rübe im Korb gelandet ist, wird bestenfalls mit einem befriedigten Lächeln quittiert werden.

Es ist ein souveränes Lächeln, mit dem Franzosen sich über die Kritik an ihrem wahrhaftig nicht immer auf den hochgespielten kulturellen Anspruch

abgestimmten Verhalten im Lauf der älteren, jünge-
ren und jüngsten Geschichte hinwegsetzen. Ein
sattsam bekanntes Sprichwort lautet: *A la guerre
comme à la guerre,* und damit ist nicht nur die von
uns Deutschen vielbeklagte Zerstörung des Heidelberger Schlosses weggefegt – abgesehen davon, daß
das Heidelberger Schloß erstmals 1622 von Tilly
(kein Franzose), dann 1673 von Turenne (Fran-

zose), 1689 von Melac (Franzose), schließlich 1693
vom Marschall Lorges (Superfranzose) vandalisiert
worden ist, wurde es erst 1793 vom Blitzschlag
endgültig zerstört und sollte eher als ein Pechvogel
unter den deutschen Schlössern denn als Zeugnis
französischen Mutwillens in die Geschichte einge-
hen; und es läßt sich dagegen eine lange Liste von
köstlichen Bauwerken aufstellen, die in Frankreich
von 1870/71 und 1914–1918 sowie 1939–1945 ver-

nichtet worden sind. Aber das sind provokatorische Kinderspiele. Auch innerfranzösische Barbareien müssen im Sinn des krüden Sprichworts hingenommen werden, vor allem dann, wenn damit zwar nicht das kulturelle, aber schlichthin das nationale Hochgefühl auf seine Kosten kommt. Übrigens ist die *grande nation* ja nicht nur aus den Blutströmen der Revolution und anderen Gemetzeln hervorgegangen, sondern war schon längst von Gottvater selbst zu ihrer Größe bestimmt.

Der Herr Zebaoth bewerkstelligte das durch Entsendung einer Himmelsbotin, die der *gloire de la France* sichtbare Gestalt und sinnträchtigsten Ausdruck geben sollte. Ich spreche, wie leicht zu erraten ist, von Jeanne d'Arc, der Jungfrau von Orléans. Wir alle kennen ihren wundersamen Werdegang: Die schlichte

Gänseliesel, der eine innere Stimme unaufhörlich zuraunt, sie müsse hingehen und sich geharnischt und behelmt mit schwingendem Schwert an die Spitze der königlichen Truppen setzen und den haßgeliebten Feind, der Frankreich seit hundert Jahren zusetzt, die Engländer, von der heimatlichen Scholle treiben. Das Wunder will, daß ihr das gelingt; sie sprengt den Ring der Belagerer von Orléans und erficht noch eine Reihe weiterer Siege. Aber – wie das ja häufig bei Gottesgaben zu geschehen pflegt – die profane Menschheit zeigt sich auch diesem nicht gewachsen: Man liefert sie ihren Feinden aus. (Gottes eigener Sohn ist ähnlich behandelt worden.) Wir alle kennen auch das Ende der Jungfrau und haben dank George Bernhard Shaw und mehreren einschlägigen Filmen ihren Märtyrertod auf dem Scheiterhaufen miterlitten (geistig nur, gottlob!). Nur unser Friedrich Schiller wollte sie nicht schmoren sehen – vermutlich aus sprichwörtlicher deutscher Gutartigkeit. Aber ihre Bedeutung für die Franzosen – vor allem für die Französinnen – ist damit nicht ausgeschöpft. Sie ist – wie ihre große himmlische Kollegin – zwar Jungfrau, aber dennoch Mutter, wenngleich bloß geistige; immerhin die Mutter alles französischen Chauvinismus, der sich mit ihr ganz handfest, in geradezu biblischer Bildhaftigkeit aufs Irrationale berufen kann. Indes ist es nicht nur die damit gefestigte Überzeugung, von Gott selbst als Blüte der Menschheit ausgezeichnet zu sein, was die Franzosen und Französinnen durch die *pucelle* erhebt.

Es ist vor allem die Parität der Frauen mit den Männern, selbst in deren ureigenster Domäne: dem Krieg.

Frankreich ist ein Frauenland. Das will nicht heißen, daß die Frauen dort kriegerisch gestimmt sind. Wenn jedoch Jeanne d'Arc bewiesen hat, daß eine Frau sogar im Waffengang es den besten Männren gleichtun, ja sie sogar übertreffen kann, wie erst müssen Frauen in allen anderen Lebensbelangen den Männern überlegen sein. Ohne den Männern ihre kriegerische und fatal erfinderische Spielwelt streitig zu machen, haben die Französinnen Frankreich in der Hand. Sie stehen dort höher im Anse-

hen, sind unabhängiger, selbstsicherer, verständiger, gescheiter, haushälterischer, habgieriger und geiziger als ihre Herren, die sie bei aller Einhaltung matrimonialer Spielregeln – vor allem der einer unbedingten Diskretion bei eigenen Fehltritten – am Gängelband halten. Den Männern ist die Tröstung des Bastelns überlassen. Ein echter Franzose ist ein *bricoleur*, der alles reparieren kann, sein Zepter ist

der Schraubenzieher. In den Künsten stehen die Frauen den Männern nicht im geringsten nach, Malerinnen wie Vigée le Brun und Berthe Morisot sind, wie man so sagt, Weltklasse, ganz zu schweigen von den Literatinnen von der Princesse de Clèves über Madame de Staël bis Françoise Sagan (ich zitiere sozusagen aus dem Hemdsärmel); und der Ruhm der Damen, deren Salons Strahlungszentren des geistigen Lebens der besten französischen Epoche gewesen sind – und solcher, die noch in unseren Tagen versucht haben, mit unzulänglicherem Material ein gleiches zu erreichen –, kann nicht geschmälert werden durch den Kitsch, den die Anekdotenspinner damit aufgezogen haben. Es ist nicht nötig, sich ein Frankreich in Krinolinen, gepuderten Perücken und bonmotsprühenden Abbés vorzustellen, um die Rolle der Frauen in der französischen Gesellschaft – und damit in der französischen Kultur – zu ermessen: Sie ist heutzutage ebenso ersichtlich wie eh und je.

Frankreich ist weiblich; auch sein Name ist femininis generis: la *France*. Und es muß zugestanden werden, daß Französinnen auch über eine ganz besondere erotische Ausstrahlung verfügen – und zwar gekonnt. Wie ihnen das gelingt, ist kein Geheimnis: Sie sind weiblicher. Natürlich gibt's auch in Frankreich den Mannequintyp, von dem man befürchten muß, daß man sich an ihm Knochen-

splitter einzieht; dafür sorgen die
Päderasten, die sich unter dem
Matronat der französischen
Frauenschaft mit der *Haute Cou-
ture* befassen. Aber selbst eine
Barbiepuppe wie dereinst Bri-
gitte Bardot hat dieser Schablone
noch etwas Feminines aufgesetzt.
Auch ganz junge Frauen, um

nicht gleich zu sagen Mädchen, wirken reifer, er-
wachsener als ihre nichtfranzösischen Geschlechts-
und Altersgenossinnen, ihre Zurückhaltung läßt
keinen Zweifel daran, daß sie im Grunde leiden-
schaftlich sind und dennoch nüchtern – mit einem
Wort: gescheit. Es ist eine weibliche Gescheitheit,
die auf der Gescheitheit des Weiblichen beruht.
Französinnen sind nicht sentimental; Prototyp der
Französin ist nicht Madame Bovary, sondern sehr
viel eher Georges Sand. Das kitschige Liebespaar
des Zeichners Peynet hat ein gänzlich mißverständ-
liches Bild junger französischer Liebender weit
über die Grenzen Frankreichs hinausgetragen.
Wenn die Franzosen sich darin gespiegelt finden, so
geht das möglicherweise auf den Aphorismus de La
Rochefoucaults zurück: »Sage mir deine Ideale,
und ich werde dir sagen, was dir fehlt.« Die süß-
innige Adoleszentenliebe unter Glockenblumen
und Einverständnis zwitschernden Singvögeln ist

so wenig französisch wie Werthers Leiden, und man tut gut daran, sich das Mißgeschick des Abélard vor Augen zu halten; dessen allzu innige Liebe zu Héloise von deren Anverwandten auf sehr peinliche Weise bestraft wurde: Seine Stimme wurde danach wie die der Singvögel. Übrigens ist Madame Bovary sentimental nicht im Sinn einer Liebenden, sondern einer in die große Welt und große Gefühle

verliebten Kleinbürgerin – eine allerdings auch nicht seltene, jedoch nicht phänotypische Erscheinung unter den französischen Frauen.

Wie man die Deutschen zusammenfassend »Michel« nennt und die Russen »Iwan«, so nennt Frankreich sich selbst »Marianne« und tritt in der politischen Ikonographie als Mädchen in leichtgeschürztem neogriechischem Gewand mit einer kokardengezierten phrygischen Mütze auf dem Blondhaar auf – eine gutmütige Karikatur der Revolutionärin im Feuer auf der Barrikade, die auf dem Bild von Delacroix zornig die Fahne der Freiheit schwingt und dabei eine exquisite Brust entblößt. War eine lebendige Marianne das Modell dazu? Ohne Zweifel war sie eine Pariserin. Aber woher kommt der Name? Keiner der von mir befragten Franzosen wußte eine Antwort darauf. In

Erfahrung zu bringen war lediglich, daß »Marianne« das Kennwort einer vorrevolutionären Geheimgesellschaft war. Auf die Frage: »*Connaissez-vous Marianne?*« hatte man zu erwidern: »*Celle de la montagne?*« – aber worauf das anspielte und

wozu das führen sollte, weiß ich nicht und überlasse es den werten Lesern, es herauszufinden. Jedenfalls ist Marianne das Inbild der französischen Frau: stolz, frei, ihrer Lebensrolle wohlbewußt. Feministinnen rennen in Frankreich offene Türen ein.

Göttliche Vernunft

Wieder fehlen uns die statistischen Daten, um präzise anzugeben, wie groß oder gering der Promillesatz der Franzosen ist, die – à propos Jeanne d'Arc – an innere Stimmen glauben. Wahrscheinlich hält es der größere Teil davon mit der inneren Stimme

des Mannes, der mit dem Erlös einer monatelangen mühevollen Arbeit von einem entlegenen Ort nach Hause fuhr, über eine Straße, die er nur wenig kannte. Im Vorüberfahren las er eine Leuchtschrift über einem festlich lichterstrahlenden Gebäude: »Casino«. Ohne besonders darauf zu achten, fuhr er weiter. Aber nach einer Weile meldete sich in ihm eine innere Stimme. »Kehre um«, raunte sie ihm zu, »kehre um und versuche dein Glück!« Er war ein vernünftiger Mann mit guten Grundsätzen, zu denen auch haushälterische Umsicht gehörte, aber so hartnäckig drängte ihn die innere Stimme, daß er tatsächlich umkehrte, vor der Spielbank  haltmachte und hineinging. Die strahlenden Lichter blendeten ihn, auf dem Roulettetisch rollte die Kugel. »Setze hundert Francs auf Rot«, raunte seine innere Stimme ihm zu. Er setzte und gewann. »Nun setze fünfhundert Francs auf Schwarz!« raunte die innere Stimme. Er setzte und gewann wieder. Ein leichter Rauschzustand bemächtigte sich seiner. »Nimm jetzt alles, was du bei dir hast«, befahl seine innere Stimme herrisch, »und setze es auf die Nummer sechzehn!« Er gehorchte. Die Kugel rollte springend in der wirbelnden Drehscheibe und kam zum Stillstand bei der Nummer zweiundzwanzig. Ohne einen Centime in der Tasche stieg der Mann wieder in sein Auto und fuhr den Weg nach Hause. Seine innere Stimme schwieg lange. Dann aber sagte sie verbittert: »Scheiße!«

Wenn der Promillesatz der Franzosen, die an diese Art von innerer Stimme eher glauben als an die der Jungfrau von Orléans beträchtlich ist, so muß das dem geistigen Guru Frankreichs, René Descartes, zugeschrieben werden. Er hat für die Franzosen die Vernunft entdeckt. Sie besteht nach seinen Lehren zunächst darin, daß jeder Denkende, bevor er den Akt des Denkens in Angriff nimmt, seine Fähigkeit dazu einer strengen Prüfung unterziehe. Bei der durchschnittlichen Eigenwerteinschätzung der Franzosen darf mit an Sicherheit grenzender Wahrscheinlichkeit angenommen werden, daß das Ergebnis dieser Prüfung positiv ausfällt. Mit der so freigegebenen Denkfähigkeit wird nun der Denkende anhand der unleugbaren Tatsächlichkeit der Dinge feststellen, daß sie auf wundersame Weise ineinander verflochten und voneinander bedingt und abhängig sind. Die Welt stellt sich als ein zwar ungemein verzwickter und verwickelter, aber präzise funktionierender Mechanismus dar, nicht nur im  Materiellen der Natur, sondern auch in den geistigen Gesetzen, die ihr zugrunde liegen; insbesondere den mathematischen. Eine so herrliche Maschinerie muß einen genialen Schöpfer haben, also – und damit ist in gewisser Weise die Brücke zur Jungfrau von Orléans geschlagen – ist ihre Perfektion der Beweis für Gottes Existenz. An der hatte vor Descartes – ich spreche vom Ende des sechzehnten Jahrhunderts – zwar niemand gezweifelt, ohne flugs auf dem Scheiterhaufen zu landen wie die Jungfrau selbst, jedoch war man bislang nicht mit der schieren Logik vorgegangen. Für logisch denkende Menschen waren die Lehren des Cartesius von großer Überzeugungskraft. Weil er Franzose war, fielen seine Verdienste der französischen Nation zu. Es ist seither die Verpflichtung jedes Franzosen, möglichst logisch zu denken und danach zu handeln, dafür aber auch von der Umwelt die gleiche scharfe Logik zu erwarten.

Die innere Stimme der Jeanne d'Arc ist freilich ein irrationales Element, das sich zwar nicht der Logik, aber deren konkreten Manifestationsbedingungen entzieht. In gewissem Sinn kann man sie nicht einmal einen Schönheitsfehler der logischen Deduktion nennen – bewahre! Ästhetisch hat sie sogar den Reiz des Unerwarteten –, aber dem rein vernunftmäßigen Denken legt sie doch einen Stein des Anstoßes in den Weg, der den Denkapparat über Gebühr aufrüttelt und vor die Lästigkeit einer beinah unlösbaren Aufgabe stellt.

So jedenfalls wurde mir von einem französischen Botschafter versichert – und wer einmal einem *ambassadeur de France* auf freier Wildbahn begegnet ist, weiß, mit welcher Autorität mit jeder persönlichen auch eine offizielle Ansicht geäußert wird.

Aus einem Botschafter spricht auch bei privaten Äußerungen Frankreich selbst. Dem Irrationalen des Falles Jeanne d'Arc wurde von Seiner Exzellenz entgegengesetzt, daß es sich lediglich um eine mathematische Erwägung handle, nämlich um die

Wahrscheinlichkeitsrechnung. Mit einem hohen Grad an Unwahrscheinlichkeit hätte ja der Mann im Casino auch die Chance gehabt, daß sein Abenteuer gut ausgehe und anstatt der Ziffer 22 tatsächlich die 16 herausgekommen wäre. Wunder über Wunder! Ähnlich im Fall Jeanne d'Arc: Hätte sie vor Orléans eine Schlappe erlitten, so wäre auch ihr nichts anderes übriggeblieben, als – das berüchtigte Wort Cambronnes vorwegzunehmen – ein tief aus dem Seelengrund geformtes »*Merde!*«. Unbeschadet freilich, daß das der reinen Jungfrau nicht entsprochen haben würde; wahrscheinlich wäre sie dafür nur um so früher auf dem Scheiterhaufen gelandet. Normalerweise aber, so führte Seine Exzellenz der Herr Botschafter aus, läßt in der Geschichte sich unter aller trübenden Oberfläche doch die blanke Kausalität nachweisen – zum Beispiel in der Schlacht von Azincourt, die ja in eben dem Hundertjährigen Krieg, den Jeanne d'Arc für Frankreich vorteilhaft entscheiden sollte, den Engländern die vorläufige Oberhand einbrachte. Wie man weiß, ist diese Schlacht entschieden worden durch die mitreißende Überzeugungskraft Sir Laurence Oliviers und Kenneth Branaghs in der Rolle Heinrichs V. und durch die Fingerfertigkeit der englischen Langbogenschützen, die ein anstürmendes Heer der französischen Ritterschaft mit einem Hagel von Pfeilen in haltloses Durcheinander brachten und hilflos der Vernichtung auslieferten. Wie kam es nur, so fragt man sich heute, daß nicht auch das Umgekehrte geschah? Auch die Franzosen hatten ja Langbogen und hätten sie gegen die Engländer einsetzen können. War da etwas Irrationales im Spiel wie vor Orléans? Keineswegs. Die Forschung hat an den Tag gebracht, daß die Engländer in ihren Offizierslisten einen merkwürdigen Rang anführten, nämlich den *captain of the cats*. In jenen Zeiten

zogen die Heerhaufen mit ihrem Troß durchs Land. Neben den vielfach nützlichen Marketenderinnen mit Kind und Kegel zog auch ein Schwarm von Ratten mit, die von den Abfällen der Verpflegung zehrten und dabei fett gediehen. Dieser Plage Herr zu werden, war die Aufgabe des Katzenhauptmanns: Er hielt einen Stab von scharfen Miezen, die ihrerseits die Ratten in Schranken hielten. Die Franzosen aber hatten keinen solchen Spezialisten. Als nun die beiden Heere bei Azincourt einander gegenüberlagen, wechselten die englischen Ratten, von den Bataillonen des Katzenhauptmanns bedrängt, ins französische Lager über – um so begreiflicher, als ja die französische Küche der englischen haushoch überlegen ist und immer schon war. Dort aber, im französischen Lager, hatten die nationalen Ratten bereits alles aufgegessen, was zu finden war. Den Eindringlingen blieb nichts anderes übrig, als sich über die Bogensehnen der französischen Langbogen herzumachen, die ja immerhin aus Darm geflochten waren. Die aßen sie auf – und damit war die Schlacht von Azincourt auf eklatante Weise für die Engländer entschieden. Ähnlich verhält sich's in den meisten Fällen der Kriegsgeschichte, behauptete Seine Exzellenz der Herr Botschafter; nur äußerst selten ist ein metaphysischer Eingriff ins Schlachtgeschick festzustellen. Der Treffer der Jeanne d'Arc im Wahrscheinlichkeitskalkül des guten Ausgangs ist darum nur um so wunderbarer. Es war eben Gottes Vernunft, die sich darin manifestierte. Und es ist immerhin ein bezeichnender Unterschied, wenn die Überlegenheit einer Nation über die andere durch die Beihilfe einer hellhörigen Jungfrau zum Ausdruck kommt anstatt durch Ratten.

Monsieur le citoyen

Ich führe Seine Exzellenz den Herrn Botschafter hier nicht nur als Musterbeispiel des französischen Nationalismus an, sondern auch als das der französischen Hochbildung. Es ist zu vermuten, daß er ein Zögling der *Ecole normale Supérieure* ist, anders hätte er's auch kaum zu seinem Rang gebracht. Jedenfalls ist seine glasklare Art des Argumentierens beispielhaft nicht nur für dieses gloriose Institut, aus dem die Crème des französischen Erziehungswesens hervorgegangen ist und geht: scharfsinniges Denken, vor allem aber unwiderleglich logisches Folgern ist seit Cartesius, wie wir wissen, ein Kriterium der Franzosen und spielt sich auf streng überwachte Weise auf allen Stufen des Intellekts und Wissens ab, wird also gewissenhaft in den Schulen gelehrt. Das französische Schulwesen ist hervorragend und ganz und gar auf die Heranbildung der Intelligenz eingespielt. Schon einem Grundschüler kann man kaum etwas erzählen, was er nicht schon wüßte oder mit einem naseweisen Einwand zu entkräften versuchte. Ein Absolvent des Lyzeums mit dem *bachot* – der Reifeprüfung des *baccalauréats* – in der Tasche ist für den Rest seines Lebens mit allen grundsätzlichen Einsichten und dem beinahe gesamten Wissen der Zeit ausgestattet: allerdings mit einer lückenlosen Fülle von Informationen wie die chinesische Mathematik ohne irrationale Zahlen. Das tut dem Glauben an die Unfehlbarkeit der katholischen Kirche – und damit an die inneren Stimmen Jeanne d'Arcs – keinerlei Abbruch, im Gegenteil; es fordert, wie wir gesehen haben, zum nur um so schärferen Argumentieren heraus. Ein Absolvent des Lyzeums begibt sich auf die Universität geistig fix und fertig.

Die höhere Schule dient nicht einer Erweiterung und gründlichen Durchdringung des Wissens, sondern dessen Bestätigung und Ausbau. Es werden keine Entdeckungen gemacht, bestenfalls Neuerungen eingeführt. Keine Horizonte werden aufgerissen zu erweiterter Weltsicht, keine Neugier dazu angeregt. Das erfahrene und erfahrbare Vorhandene wird als solches abgestempelt, das Gebäude der Welt steht unverrückbar fest. Das ist eine aristokratische Art des Denkens – ein Denken innerhalb gesetzter Schranken, und es ist verwunderlich, daß ein Volk, das von der Welterschütterung der großen Revolution von

1789 und deren Folgen aufgerüttelt worden ist, nicht auch diese Einengung gesprengt hat. Aber in ebendieser Hinsicht ist Frankreich ein hochinteressantes Land. Jeden-  falls ist das intellektuelle Klima dort erstklassig. Es läßt sich bemessen an dem geistigen Purzelbaum, den der Existentialismus Sartres mit Kierke- gaards Philosophie geschlagen hat. Im Alltag schlägt sich's in der Freude der Franzosen – beson- ders der Französinnen – am Nörgeln nieder. *On rouspete* – eine nationale Leidenschaft: Es wird alles und jedes rücksichtslos kritisiert, an nichts ein gutes Haar gelassen, außer an der Französischkeit. Die intellektuellen Kräfte, die dabei frei werden, sind erstaunlich.

Entsprechend der klaren Linienführung des Denkens ist auch der Charakter der Franzosen ge- festigt. Dessen Selbstüberzeugtheit und gelegentli- che Selbstgefälligkeit haben wir bereits angedeutet – es bedurfte nicht Stendhals, um uns auf die Eitel- keit seiner Landsleute aufmerksam zu machen. Freilich sollten wir dabei nicht übersehen, daß es im allgemeinen keine persönliche Eitelkeit ist, sondern eine soziale. Sie kommt aus der Geformtheit des französischen gesellschaftlichen Verhaltens und dem allgemeinen Einverständnis damit. Dabei geht

es nicht um Umgangsformen. Die vielgerühmte *politesse française* ist eine Legende; es gibt kaum ein Volk, das rüder im alltäglichen gegenseitigen Umgang wäre, schon gar in dem mit Fremden. Die Schnörkel der Redewendungen und Höflichkeitsfloskeln sollen nicht darüber hinwegtäuschen, die Grundeinstellung gegen den Mitmenschen ist kalt. *On s'on fiche* – das heißt: Das Geschick des andern läßt einen ungeschoren, er möge niemanden damit belästigen. Paradoxerweise aber gibt das dem gesellschaftlichen Zusammenleben eine gewisse Würde: Ein jeder beschränkt sich auf sein Privates, greift nicht gern in das der anderen ein und erwartet von ihnen die gleiche Diskretion. Das führt zur Selbstverantwortung; man läßt sich nicht in die Arme des Nächsten fallen, selbst nicht als *clochard*. Und je höher man auf der gesellschaftlichen Hühnerleiter steht, um so steifleinener und offensichtlicher zur Schau gestellt wird diese Würde.

Nur den Naiven wird es verwundern, daß es in der Nation, die den wundervollen Bannerspruch der »Freiheit, Gleichheit und Brüderlichkeit« in die Welt hinaus entrollt hat, noch so etwas wie eine gesellschaftliche Hühnerleiter gibt. Es gibt sie, und zwar mit engeren Sprossen als anderswo und um so kälterer Distanzierung von den tiefer sitzenden, und das bei strenger Wahrung hergebrachter und automatisch gebeteter Umgangsformen. Es ist

nämlich nicht so, daß die weltumstürzenden Ereignisse von 1789 und in der Zeit danach ein Volk, das
bis dahin mit knirschenden Zähnen, wenn auch
gleichzeitig mit anhimmelndem Augenaufschlag zu
seinen Monarchen, dessen wurzelfaulem Hof und
gewissenlosen provinziellen aristokratischen Ge-
folgsleuten hochgeblickt hatte, über Nacht und mit
Hilfe einiger tausend Enthauptungen zu einer idea-
len Gemeinschaft von freien, gleichgestellten und
brüderlich einander zugetaner Menschen geworden
wäre. Keineswegs: Was aus dem Schlagwort dank
dem blutigen Schlamassel und der Erklärung der
Vernunft zur Gottheit entstanden ist, stellt sich
heute, zweihundert Jahre nach dem Aufbruch in
eine neue Welt, als eine klein- bis mittel- bis bram-
sig großbürgerliche Gesellschaft dar. Deren feine
Stufung weist die Merkwürdigkeit auf, daß sie mit
zunehmender Bürgerlichkeit immer zugeknöpfter
wird. Das klingt paradox, wird aber verständlich,
wenn man begreift, daß in Frankreich die Trennung
zwischen dem *bourgeois* und dem *citoyen* in geradezu schizophrener Weise durchgeführt ist. Als *citoyen* ist der Franzose ein Patriot, der allen großen
vor- und nachrevolutionären und gar erst den revo-
lutionären Parolen mit unverbrüchlichem Lippen-
bekenntnis verschworen ist; als *bourgeois* ist er ein
Souverän im Kaninchenstall. Er hat's behaglich
dort und will nicht heraus. Und dieser Zwiespalt –

der, nebenher, sich nahtlos in einer und derselben Seele zusammenfügt – kommt daher, daß die zur Gottheit erhobene Vernunft, wenn sich's um Ideale und Ideologien handelt, doch nicht um einige Bedingungen der menschlichen Natur herum kann. Dem Herdenwesen, das wir zugleich mit unserer

individuellen Einzigartigkeit sind, ist die Rangordnung eingeboren, und sie läßt sich mit keinem gleichmacherischen Schlagwort daraus entfernen, so hoch und hehr auch dessen Heilsbotschaft sich anhört. Und auch eine Revolution, die zur Mutter aller herrlichen Volkserhebungen im Namen der Freiheit, Gleichheit und Brüderlichkeit geworden ist, konnte nicht darüber wegkommen, daß es bis in alle Ewigkeit Speckbäuche und arme Schlucker, Führernaturen und folgsame Hammel geben wird. Es entspricht einem didaktischen Zug im französischen Charakter, der Welt das möglichst anschaulich vor Augen zu stellen.

Als *citoyen* ist der Franzose deklariert und unterstrichen ein *zoon politicon*, das heißt, er liest seine Zeitung, regt sich über die Regierung auf, diskutiert mit seinesgleichen die Vorzüge und Nachteile dieser oder jener Partei, klagt über Steuern und das  Abnehmen des nationalen Prestiges seit dem Tod de Gaulles – kurz: Er übt seine Rechte und Pflichten als Patriot und Demokrat so gewissenhaft aus, wie's die Augenauswischerei der Politik ihm einräumt. Als *bourgeois* indessen ist er in seinem ureigensten Element: Er bettet sich darein mit der Genüßlichkeit, die ihn alle guten Dinge des Lebens genießen läßt. Auch seine Bürgerlichkeit hat er zum Kunstwerk erhoben – nicht gerade vom Rang eines Gedichts von Baudelaire, aber immerhin von dem einer erstklassigen *blanquette de veau* und als solche reproduzierbar. Hineinreden läßt er sich dabei

66

keineswegs. Nicht nur die deduzierende Vernunft,
sondern auch die schiere Empirie führt ihm vor
Augen, daß es Speckbäuche und arme Schlucker
auch in einer bourgeoisen Gesellschaft gibt, und es
liegt ihm daran, seine Zugehörigkeit zu den Speck-
bäuchen eher als zu den armen Schluckern auszu-
weisen. Weil aber der Durchschnittsfranzose ein
ästhetisch empfindender Mensch ist, führt er das
nicht protzenhaft vor, sondern schlägt sich zu seinesgleichen und ignoriert die anderen. Es erstaunt
immer wieder, wenn man erfährt, wie vollkommen
geschlossen und für sich isoliert in Frankreich die
jeweiligen gesellschaftlichen Gruppen, Grüppchen,
Milieus und Coterien sind. Es sind in sich abgerun-
dete Klüngel aus Freundschafts-, Bekannten- und
Verwandtenkreisen ohne jeglichen Kontakt zum
großen Volk des anderen, es sei denn der lebens-
technisch notwendigste, und mit kaum einer Bezie-
hung zu anderen ebenso lockeren Zusammen-
schlüssen. Die wundervolle Beschreibung der französischen hohen Gesellschaft ums Ende der *Belle
Epoque*, die wir Marcel Proust verdanken, zeigt
zwar das Zerbröckeln einer solchen Welt in der
Welt, deutet aber schon an, wie deren Bröckchen
und Brocken zu einer ähnlich für sich bestehenden
Welt in der Welt gerinnseln. So sind die eleganten
Leute um die Rothschilds, die heute an die Stelle der
Guermantes getreten sind, ebenso exklusiv wie jene

es um die Dreyfus-Zeit waren, unbeschadet, daß sie
fast allesamt als gesellschaftliche Nachkommen von
Madame Verdurin angesehen werden können. Die
Überbleibsel der wahren Guermantes, die einmal
im Jahr aus ihren efeuumsponnenen Grüften in der
Provinz steigen, um nach Paris zu kommen, ruhen
vollkommen unberührt von den Wechselfällen der
Zeit in ihrem Dünkel, und gleicherweise selbstge-
nügsam verhält sich auch die alte und neue hohe
Bourgeoisie: die großen Industriellen, die hohen
Staatsbeamten wie Seine Exzellenz der Herr Botschafter und so weiter. Selbst das bunte Volk der
Künstler und Intellektuellen lebt in seinem wohlbe-
stellten Milieu, die Boheme ist eine Sage, man ist
durchaus salonfähig – sollte es einer gegenwärtigen
Madame Verdurin einfallen, ihren Salon mit diesem
oder jenem Schriftsteller oder Maler zu zieren, so
hat sie alle Freiheit dazu. Aber das sind Interimsun-
ternehmungen: Sie macht sich im Aufstieg interes-
sant. Ist sie erst einmal oben, so sind auch die
Künstler vergessen. Auch die Zünfte der Journali-
sten und Protagonisten von Bühne, Film und Funk
stellen eine verschworene Welt in der Welt der französischen Hauptstadt dar – denn es kann dabei nur
von Paris die Rede sein, die Provinz schläft beseligt
ihren Dornröschenschlaf, aus dem sie auch die
deutschen Touristen und Ferienhausbesitzer nicht
aufwecken.

Über all das sollen jedenfalls die Berichte und Schnappschüsse in den Gesellschaftsspalten der glanzpapierenen Zeitschriften nicht hinwegtäuschen. Wenn da auf briefmarkengroßen Fotos die Herzogin neben dem Sekthersteller und die Gattin des Operndirektors neben dem Prominentenfrisör zu sehen ist, der Hotelkettenbesitzer neben dem Starmannequin, der Modeschöpfer neben der greisen Filmdiva, so handelt sich's – genau wie bei uns – um eine Edelschickeria, die wieder für sich eine mehr oder minder exklusive Gruppe bildet, allerdings eine wie man so sagt »von Hecken und Zäunen zusammengeklaubte«. Der internationale Jet-

set geht – wie ja das Eigenschaftswort besagt – über das streng Französische ins Universelle hinaus und ist vielleicht die einzige gesellschaftliche Gruppe, innerhalb welcher der Dazugehörige eine Art Korpsgeist, ein Solidaritätsgefühl mit den anderen Gruppenmitgliedern entwickelt – hauptsächlich allerdings im Bestreben, denn doch Kontakt zu den Rothschilds aufzunehmen, bei denen der Jet-set gelegentlich Anleihen an elegantem Personalbestand macht. Im übrigen wird auf Kontaktaufnahme außerhalb des Klüngels und der Coterie nur wenig Wert gelegt. Man behandelt selbstverständlich jedermann als seinesgleichen, aber wehe, wenn er sich herausnimmt, unsereins als seinesgleichen zu behandeln. Jedermann/jedefrau, vom Straßenreiniger bis zum Staatspräsidenten, von der Herzogin bis zur Concierge, wird mit »Monsieur« und »Madame« angesprochen – Anreden, die einen zur Revolutionszeit aufs Schafott gebracht haben würden, heute aber dem sozialen Klima eine Art von zivilisatorischer Weihe geben. Ansonsten: *»Foutez moi la paix et ne m'emmerdez pas pendant que je bouffe ma blanquette de veau.«*

Übrigens, was die Nationalspeise betrifft: Auch zu ihrem Gelingen hat der Geist des Cartesius beigetragen. Französische Kochbücher befassen sich mehr mit der *Materia prima* als mit dem Ergebnis der daraus herzustellenden Gerichte. Wer also eine *blanquette de veau* herstellen will, schlägt nicht bei »blanquette« nach, sondern bei »veau«. Erst wenn er alles über Kalb und dessen Zubereitung weiß, wird ihm das Kunstwerk gelingen.

Die Sprache

Dem Besucher Frankreichs fällt neben vielen Merkwürdigkeiten als eine der erstaunlichsten auf, wie vorzüglich dort die Kinder selbst im zartesten Alter schon französisch sprechen. Die Sprache, in welcher der Nichtfranzose gerade vor Kindern und Dienstboten verbergen will, was sie nicht hören sollen (»*Pas devant les enfants/domestiques!*«), wird in Frankreich von den Franzosen selbst von frühauf angewendet, um die sublimsten Gedanken und kompliziertesten Vorgänge in schönster Klarheit auszudrücken, während der Nichtfranzose, der sich von Kindesbeinen auf angestrengt bemüht hat, hinter ihr Geheimnis zu kommen, naturgemäß damit vor Taxifahrern und Gasthauskellnern scheitert. Allerdings ist es nicht dieselbe Sprache. Das alltägliche Verständigungsmittel der Franzosen untereinander ist nicht gleichzusetzen der Ziersprache des europäischen Bildungsbürgers.

Es ist nicht viel mehr als ein Menschenalter her, daß Französisch die Hochsprache der Gebildeten war. Jedermann, der etwas auf sich hielt, vermochte

73

damit zumindest mitzuteilen, daß er der Staat sei und daß Ratschläge nur denjenigen nützen, die sie erteilen. Indes schon damals, in den Jahren der Lebensblüte unserer Groß- und Urgroßeltern am Anfang unseres Jahrhunderts, hatte es sich betrüblich oft herausgestellt, daß das Idiom, das den bildungsbeflissenen Nichtfranzosen durch acht stumpfsinnige Jahre auf der Penne eingebleut worden war, in Frankreich nur zur Not verstanden und keineswegs gesprochen wurde. Die Franzosen reagierten darauf verständnislos kopfschüttelnd und wandten sich nach mehreren gescheiterten Versuchen der Verständigung achselzuckend ab. Dabei war das, was gesagt wurde, auf dem Papier vollkommen korrektes Französisch, und das Mißverständnis kam nicht aus der fehlerhaften Aussprache. Die – man muß es zugeben – ist schwierig und wird dank den unzulänglichen Sprechwerkzeugen der Nichtfranzosen nur um so abwegiger, je mehr die Ausländer sich bemühen, nasal hervorzubringen, was schon im Kehlkopf der Franzosen durch eine sozusagen abendliche Färbung der Vokale den sanften Wohlklang annimmt, der Französisch so französisch klingen läßt, daß die Franzosen selbst es verstehen. Aber der wahre Grund, warum da aneinander vorbeigeredet wird, ist der, daß Hochfranzösisch eine tote Sprache ist, die im alltäglichen Umgang in einem fortschreitenden Zersetzungszustand ge-

sprochen, aber immer noch korrekt geschrieben
und gelehrt wird. In der Tat behilft sich heute der
Nichtfranzose damit, daß er in Frankreich englisch
spricht. Er wird unverzüglich verstanden.

Aus vielerlei Motiven, vor allem dem, daß selbst
der heutige Halbgebildete auf eine wenn auch nur
oberflächliche Kenntnis des Französischen nicht
verzichten kann, empfiehlt es sich, der Sprache
einige Aufmerksamkeit zuzuwenden. Es wird dabei

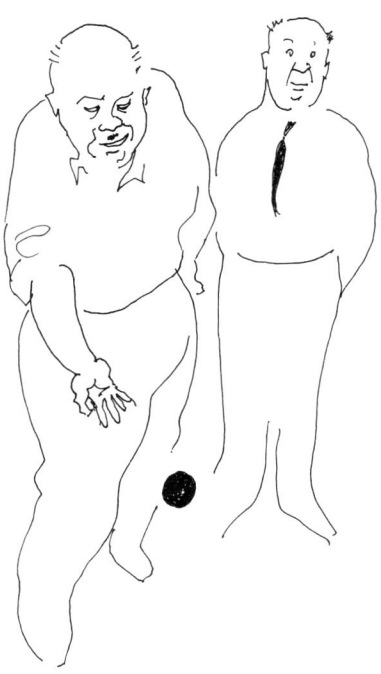

kaum von vordringlicher Wichtigkeit sein, gründlich nachzuforschen, wie, wo und auf welche Weise das heute sterbende Französisch sich zu einer der schönsten, reichsten, genauesten und geschmeidigsten Sprachen der Menschheitsgeschichte entwickelt hat. Daß Französisch zum größten Teil fränkisch verballhorntes Vulgärlatein ist – gewiß nicht die Sprache Ciceros, immerhin vom gleichen Ordnungssinn –, wußten schon unsere Urgroßeltern, die's so gern gelernt hätten; ebensowohl gehörte zu ihrem Bildungsschatz auch die Kenntnis, daß sich daraus unzählige Dialekte entwickelt hatten und daß Frankreich sprachlich zweigeteilt ist, insofern als angeblich im Norden die *langue d'oil* gesprochen wird, während im Süden, hauptsächlich in der Provence, die *langue d'oc* vorherrschen soll. Was das tatsächlich bedeutet, wissen nur die Philologen; der linguistische Normalverbraucher begnügt sich mit der Legende, in Nordfrankreich sage man als beipflichtendes und bestätigendes »Ja!« ganz einfach »*oui!*«, in Südfrankreich dagegen »*oc!*«. Indes habe ich auch bei längeren Aufenthalten im sogenannten *midi* niemanden aufgetrieben, der mir auf die Frage: »*Aimez-vous Brahms?*« ein »*oc!*« erwidert hätte. Eher schon wäre zu erwarten gewesen, das zu hören, wenn ich fragte: »*Detestez-vous les Parisiens?*« Die Antwort hätte vermutlich wie das Gackern einer Glucke nach dem Eierlegen geklun-

gen. »Oc, oc, oc, oc, oc!« Denn es besteht ein alter Gram zwischen dem Norden und dem Süden Frankreichs.

Das geht zurück auf die Albigenser. Sie waren im zwölften und dreizehnten Jahrhundert eine angeblich aus Bulgarien importierte Sekte, die sogenannten Bugomilen, die sich gegen das Papsttum und die weltliche und geistige Korruption der Kirche wendete und bald in der Provence gewaltigen Anhang fand. Es waren sozusagen die *Flower-Power* der ersten Jahrtausendwende: Sie hielten sich an keines der päpstlichen Dogmen, waren aber fromm und gläubig, sanft und hilfsbereit, folglich dem Klerus ein spitzer Dorn im Auge. Am schlimmsten war: Der provenzalische Adel hing ihnen fast ausnahmslos an. Das war von Rom nicht hinzunehmen: Der Papst – Innozenz III., lies: der dreifach Unschuldige – rief zum Kreuzzug gegen die Ketzer auf, die sich auch *Cathari* – die Gereinigten – nannten und vom Volk *les bons hommes* genannt wurden – wahrlich kein Zeichen satanischer Gesinnungsart. Wie auch immer, die nordfranzösische Ritterschaft stürzte sich geschlossen auf sie und ihre Anhänger. Ob dabei nur religiöse Motive im Spiel waren, läßt sich bezweifeln. Jedenfalls wüteten die Nordfranzosen barbarischer im Languedoc als seinerzeit die dort eingefallenen Germanenhorden. Sie brandschatzten und plünderten und zerstörten unwieder-

78

herstellbar eine blühende Kultur, die der ihren weitaus überlegen gewesen war. Vor allem an Scheiterhaufen hatten sie Vergnügen: Nach der Einnahme von Montségut wurden an einem Tag mehr als zweihundert angebliche Ketzer verbrannt. Die Inquisition fuhr damit fort, nachdem die Sekte der Katharen längst ausgerottet war. Es gibt verschiedenerlei Anzeichen, daß der Süden Frankreichs das seinen nordischen Brüdern bis heute nicht verziehen hat.

Trotzdem wurde auch im Süden das Französisch gesprochen, das heute sozusagen vom klassischen Hochfranzösisch abgebröselt bei den allermeisten Franzosen in Umlauf ist, wenngleich die südfranzösische Aussprache härter, gewissermaßen männlicher ist und dem ratternden Spanisch näherkommt. Es klingt daher pathetischer, kommt nicht mit abgespreiztem sprachlichen Teefinger dahergetänzelt wie das Nordfranzösische. Denn was sich ungefähr vom zehnten Jahrhundert ab, und erst recht später, vom sechzehnten Jahrhundert bis in unsere Tage aus der Pariser Mundart zur Hochsprache herausgebildet hat, ist immer noch von höfischer Eleganz geprägt, wenn auch heute der Pariser Straßenjargon vorherrscht. Besonders mit dieser letzten Entwicklung mitzukommen, ist für den Nichtfranzosen so aussichtslos wie das Rennen der Hasen gegen den Igel, und man tut gut daran, sich

nicht mit zuviel Ambition daran zu beteiligen.
Nichts ist lächerlicher als ein Zugereister, der seiner
Rede den *argot* von Marktweibern und phantasie-
vollen Studenten beimischt, schon gar die vorüber-
gehend auftauchenden Spezialausdrücke der Schik-
keria. Sprechen, jedenfalls, muß er, sprechen um
jeden Preis und mit oder ohne jeglichen Sinn. Denn
Frankreich ist das Land ungehemmter Geschwät-
zigkeit. Mit Worten – vielen, präzise hingesetzten,
vielfach abschattierten Worten – manifestiert man
sich, seinen sozialen Stand, den Grad der Intelligenz und der Erziehung, die persönliche Eigenart.
Denn Frankreich ist das Land der extrovertierten
Individualisten, und überhaupt sind die Franzosen
selbstverliebt, und ihre stolze Eigenliebe drückt
sich in der Sprache aus.

In Frankreich wird in einem fort geredet. Die
Freude an der Sprache ist bei der geringsten Äuße-
rung – gar bei der rüdesten – spürbar. Ist eine
Französin ergriffen von der *éloquence française* –
und das ist sie mit fortschreitenden Jahren immer
häufiger –, so bildet sich ihr Redeschwall alsbald zu
einer Art von verbalem Leuchtspringbrunnen aus,
mit vielerlei Fontänen und Kaskaden, die dem Zu-
hörenden nicht nur Erstaunen abnötigen, sondern
auch jegliche Möglichkeit zur Gegenrede nehmen.
Darüber wird vergessen, wovon eigentlich die Rede
ist, der Angesprochene hat ohnehin nicht Gelegen-

heit, sein Einverständnis oder seine Ablehnung auszudrücken, er wird mitgerissen und vermag lediglich das Hervorgesprudelte ästhetisch zu beurtei-
len. Dabei wird Geduld belohnt, er kommt doch
öfter auf seine Kosten: Französisch bietet sich zu
verblüffenden Wortspielen und eleganten Formu-
lierungen an, das Sublimat daraus
nennt sich *esprit français* und hat
schon unsere vielzitierten Urgroßeltern in kulturelles Entzücken ver-
setzt. Und auch heute kann man dem
nachspüren – etwa, indem man auch
in den Zersetzungszustand der Sprache hineinlauscht, oder aber, indem
man ins Theater geht. Das ist in
Frankreich von hehrster Tradition.
Von den Klassikern wie Racine, Mo-
lière, Corneille bis zu Claudel, dem Katholiken,
Anouilh, dem Boulevardier, und Ionesco, dem sur-
realistischen Rumänen (ich zitiere aus dem Hemdsärmel des phänotypisch Halbgebildeten), sind die
schreibenden Bühnenkünstler im höchsten Maße
bewundernswert, desgleichen die Interpreten:
Schauspieler halten in Frankreich hohen gesellschaftlichen Rang.

Viel von dem hier Gesagten scheint der Behauptung, französisch sei eine tote Sprache, zu wider-
sprechen. Leider ist es nicht so. Was sich vor unse-

ren Ohren abspielt, ist ein Lehrfall von Epochenverschleppung. In der Welt, die bis gestern war, gab
es keine ausdrucksreichere, präzisere, schönere
Sprache; man kann höchstens darüber streiten, ob
die eine oder die andere ihr im einen oder anderen
gleichgekommen ist oder sie gar übertroffen hat.
Insgesamt war ihre Herrlichkeit unbezweifelbar.
Fatal ist, daß ihr andere Sprachen heute den Rang
gerade dort ablaufen, wo sie eben bis gestern füh-
rend war: in der Wissenschaft, zum Beispiel, oder in
der Diplomatie. Ihr Prestige aber hat sie deshalb
nicht verloren. Nur paßt ihr strukturelles Raster
nicht mehr in die Gegenwart. Es ist, als würde
dieses strukturelle Raster jetzt erst sichtbar: eine
Art Fossilierung und Skelettierung, und angewendet auf die lebendige Gegenwart scheint es, als sähe
man sie durch das Stabwerk eines gotischen Kir-
chenfensters. Das paßt nicht mehr zur Biochemie.
Auch die berühmte dritte Vergangenheitsform, die
bislang diplomatischen Noten, Staatsverträgen und
Kriegserklärungen die haarscharfe Genauigkeit gegeben hat, erweist sich bei den heutigen zwischen-
staatlichen Auseinandersetzungen als überflüssig.
Handfestes Englisch genügt dazu ebenso wie in der
Wissenschaft die monströsen Wortklitterungen des
Deutschen.

So als folgten die Franzosen eingedenk der Jungfrau von Orléans einer inneren Stimme – nicht ge-

rade einer deutlich sprechenden, sondern einer unterbewußt wirkenden –, spielt sich nun im französischen Geistesleben etwas Offenbarendes ab: Seit den letzten drei, vier Jahrzehnten stoßen junge Denker in die Philosophie Heideggers vor. Als ließe sich das Niedertauchen in die Abgründe der deutschen Sprache mit ähnlichen Fangergebnissen auch im Französischen nachvollziehen. Sollte das französische Selbstverständnis einen Sprung erlitten haben?

Paris ist eine Messe wert

Was uns als Epochenverschleppung erscheint, ist dem Beharrungsvermögen von Gemeinplätzen zuzuschreiben. Wir sprechen von Frankreich, als wäre es heute unverändert so wie gestern. Zugegeben muß werden, daß der Charakter der Franzosen ausgeprägter, geformter, starrer ist als etwa der von Österreichern. Immerhin gehen historische Ereignisse wie die fürchterliche Niederlage im Zweiten Weltkrieg auch daran nicht spurlos vorbei. Den Franzosen ist es nicht gegeben, sich in Mythen und Legenden zu flüchten wie etwa die Italiener. Sie sind eine Nation seit bald zweitausend Jahren; ihre Französischheit ist ein Faktum, kein Mythos. Hat sie einen Schock erfahren, so bricht sie nicht zusammen, um mythisch wieder aufzuerstehen: Das Erlebte wird sie wesentlich verändern. Zum Beispiel gibt es unter den jungen Franzosen trotz Le Pen kaum noch Chauvinisten. Es gibt freilich noch Nationalisten mehr oder weniger hoher Hitzegrade. Aber das sind eben solche, die nach den epocheverschleppenden Gemeinplätzen leben. Die Mehrzahl

wendet sich bereits neueren Gemeinplätzen zu – nämlich auch
solchen des Selbstverständnisses.
Die Französischheit eines jungen
Franzosen ist nicht mehr gleich
der seines Vaters, womit flugs ein
neuer Gemeinplatz ausgespro-
chen wäre.

Zu den erbeingesessenen Ge-
meinplätzen gehört die Behauptung, das eigentliche
Frankreich sei Paris. Entsprechend dem in Frankreich herrschenden Zustand der Epochenverschleppung – nämlich dem, das das Gestern immer noch
im Heute mitbesteht – kann diesem alten Gemeinplatz, Paris sei das eigentliche Frankreich, auch die
neue, nicht minder banale Binsenwahrheit beige-
sellt werden, Paris sei *nicht* das eigentliche Frankreich. Für beides gibt es mehr oder minder überzeu-
gende Argumente. Gewiß ist die Provinz bislang
noch reiner, unverfälschter, stabiler französisch;
die Touristenschwärme und ausländischen Ferienhausbesitzer »wie Gott in Frankreich« fallen nicht
ins Gewicht, verblüffend weite Zonen Frankreichs
sind davon gottlob noch unberührt. Paris dagegen
ist der berüchtigte Schmelztigel von Zugelaufenen
aus aller Herren Länder – aber ist es das wirklich?
Zweifellos kommen dort Fremde in Massen zusammen, als Besucher und anderwie Durchziehende

ebensowohl wie auch als länger oder kürzer Blei-
bende, aber das ist im Verhältnis nichts gegen die
Einwanderungsflut von *pieds noirs* und Farbigen
aus den ehemaligen afrikanischen Kolonialgebie-
ten, die sich über ganz Frankreich ergossen hat und
in Städten wie Marseille beängstigende Dimensio-
nen annimmt. Und überdies kann man sich fragen,
ob in Paris nicht schon aus schierer Abwehr gegen
Fremde, aus einer nicht nur instinktiven, sondern
auch ideell solide untermauerten ethnischen Vertei-
digungs- und Abwehrhaltung das genuin Französische gesteigerter und aggressiver zum Ausdruck
kommt. Die Erfahrung scheint das zu bestätigen.
Selbst das Gastgewerbe, das auch in Paris zu einem
Großteil von Fremden lebt, vermittelt keineswegs
das Gefühl, man werde als offenkundig Gast-
freundschaft Benötigender besser behandelt als die
Einheimischen. Eher im Gegenteil: Das sofort her-
gestellte Intimverhältnis zwischen französischem
Kellner und französischem Gast rückt den Nichtfranzosen kühl in seinen bescheidenen Rang auf der
landesüblichen Warteliste, seine Bestellung wird
mit fingertrommelnder Geduld entgegengenom-
men, während es mit dem Eingeborenen zu schwel-
gerischen Erörterungen der einzunehmenden Spei-
sen und Getränke kommt. Ein Pariser Ladenbesit-
zer in einem *arrondissement*, in dem nur selten
Fremde anzutreffen sind, wird einen nichtfranzösi-

schen Kunden so mürrisch mundfaul empfangen, daß dem die Kauflust vergeht, und wer einmal eine *concierge* irrtümlich nach Leuten befragt hat, die nicht in dem Haus wohnen, das sie bewacht wie Fafnir den Nibelungenschatz, darf von Glück sagen, wenn er nicht von ihrem Köter in die Wade gebissen wird.

Das Glücksgefühl, von dem der Normalbesucher in Paris auf Schritt und Tritt befallen wird, kommt sicherlich von den vielerlei Reizen, die ihm dort trotz mörderischem Straßenverkehr geboten sind. Nicht unterschätzen darf dabei werden das unablässige Bewußtsein: »Heißa, ich bin in Paris!« Das ist in der Tat ein Mythos, wenn auch keiner, den nur die Franzosen hergestellt hätten; vielmehr wird er von den Nichtfranzosen gepflegt. Pariser selbst erwarten mit Ungeduld den Sommer, um ihm für einige Ferienwochen den Rücken zu kehren. Dann allerdings – wenn die Pariser in einem ungeheuerlichen Schwall von motorisierten Fahrzeugen zu Höllen ihrer Ferienorte ausgewandert sind – ist die Stadt bezaubernd. Über die Fremden, die ihre köstliche Leere eingesogen hat, kann man hinwegsehen, sie knäueln sich an einigen Punkten wie vor den Cafés »Flore« und »Deux Magots«, oder sie belagern die immer häßlicheren, immer mehr Kulturplunder zusammenschleppenden Museen; dabei kann man ihnen aus dem Weg gehen. Der Sommer im menschenleeren Paris ist die Zeit, in welcher man in Restaurants beinahe wie ein Einheimischer bedient wird, und über die französische Küche läßt sich so viel Gutes sagen, daß wir damit gar nicht erst beginnen wollen. Wohl dem, der nach drei Mahl-

zeiten in verschiedenen Dreisternelokalen nicht nach Graupensuppe lechzt. Indes ist auch in Frankreich ein beklemmender Zuwachs an ethnischen Speisehäusern festzustellen. Wer etwas auf sich hält, ißt marokkanisch oder Thai, und wem an der Qualität des Essens überhaupt nichts liegt, für den stehen griechische Speisehäuser zur Verfügung.

Es wäre jedoch irrtümlich zu vermuten, Paris sei nur für Parisbesucher da. Neben vielerlei Betriebsamkeit spielt sich dort – allerdings nicht im Sommer – auch das ab, was dem Gesicht Frankreichs die wechselnde, meist grämlich unzufriedene Miene gibt, nämlich die Politik. In ihr Geheimnis einzudringen ist nur wenigen gegeben. Zwar bemühen sich die Gazetten, ihre Leser über etwas auf dem laufenden zu halten, worauf sie ebensowenig Einfluß haben wie die Bürger anderer Demokratien, und im Grunde geht es um das gleiche, nämlich um das parteipolitische Gerangel über das Problem, ob der Wohlfahrtsstaat nach staatlichen oder privatwirtschaftlichen Methoden hergestellt werden kann und soll; wobei im einen sowohl wie im anderen Fall am volkswirtschaftlichen Gewand an einem Ende gestrickt und am anderen das Gestrickte wieder aufgelöst wird. Verantwortlich für diesen Vorgang auf der Stelle zeichnen die einzelnen Figuren der Politiker, an ihrer Spitze der jeweils messianische Président, der im Verlauf seiner Amtszeit vom Heilsbringer zum kaum noch erträglichen Schwätzer schrumpft und sich damit verabschiedet, daß er der Nachwelt eine fragwürdige Architektenleistung im Pariser Stadtbild hinterläßt. Daß Paris trotzdem noch die schönste europäische Hauptstadt ist, bedarf keiner Versicherung; der Gemeinplatz ist ebenso neu wie alt.

Natürlich hat die Moderne – oder was man so
nennt – das Stadtbild verschandelt. Die Leistungen
der Architekten werden um so fragwürdiger, je am-
bitiöser ihr Drang nach Selbstverwirklichung in der
gerade herrschenden architektonischen Stilrichtung
liegt. (Trara, die Post-post-Gegenwart ist da!) Jedoch hat eine halbwegs vernünftige Urbanistik das
Schlimmste bisher verhüten können. (Leider nicht
Monsieur Pompidous Centre Pompidou und Gae
Aulentis Musé d'Orsay.) Von der Rampe der Sacré
Cœur blickt man freilich nicht mehr über eine
Stadt, deren gleichmäßig bewegtes taubengraues,
von einer spärlichen Sonne zitronengelb überspiel-
tes Dächergewoge unter dem köstlich wechselnden
Pariser Himmel nur von Kirchtürmen und Palast-
kuppeln überragt worden war; statt deren stehen
schon allüberall die hybriden Auswüchse moderni-
stischer Wolkenkratzer daraus hervor, die nur allzu
freiwilligen Konzessionen der heutigen Franzosen
an einen Zeitgeist, dem sie ebensowenig angehören
wie ihre Sprache. (Auch was in den Künsten –
Musik, Malerei und Plastik, Literatur – geschieht,
geht auf Importiertes zurück.) Immerhin: Schaut
man in Paris um sich, so glaubt man Anlaß zu haben
zu der Hoffnung, die Zukunft sei in guten Händen.
Man sieht viel Jugend. Der Anblick ist erfrischend
und stets mit Zuversicht verbunden. Freilich darf
die Touristin nicht erwarten, diese Jungen so dispo-

nibel zu finden wie etwa die gleichaltrigen Italiener um Brindisi. Es ist also nur wenig über die erotischen Qualitäten junger Franzosen zu erfahren, auch bei den älteren möchte man sich nicht mehr auf die herkömmlichen Legenden von unerhörtem Raffinement in der Liebeskunst verlassen. Was heute im blühenden Mannesalter steht, sind die Jungen von 1968, die den Ruf nach mehr Phantasie in Politik und Lebensführung in die Welt hinausposaunt, es aber leider bei diesem schönen Einfall bewenden lassen haben. Indes ist zu vermuten, daß ihre Frauen, die etwas davon verstehen, ihnen das Nötige beigebracht haben.

Die heute Jungen sind ihre Kinder, und wenn auch sie dank einer Pariser Tradition gelegentlich den Drang verspüren, die Pflastersteine aus dem darübergekleisterten Asphalt zu reißen und sie gleichaltrigen Polizisten an den Kopf zu schmeißen, so darf man ihrer stetigen Entwicklung zu mehr oder minder wohlbestallten Bourgeois mit Ruhe entgegensehen. Der ungeheure Geist von 1789, der sozusagen der althergebrachten Welt die französische Gabe der Phantasie um die Ohren geschlagen und ihr die Botschaft von den Menschenrechten der Freiheit und Gleichheit zu der christlichen Tugend der Brüderlichkeit gebracht hat – bedauerlicherweise aber auch den Nationalismus und die allgemeine Wehrpflicht –, plätschert aus. Man erkennt die tiefe Weisheit eines Staatsmannes, der sagte: »Schlimmer als ein Verbrechen ist ein Fehler.« Frankreich, das Kernland Europas, marschiert Arm in Arm mit den ebenso gutbürgerlich gezähmten *boches* auf eine europäische Einheitssuppe zu – hoffentlich nicht unter Verzicht auf die *nouvelle* und die *ancienne cuisine.*